JN436592

고향은
지도 위의 한 점

제7집 동심시집

고향은 지도 위의 한 점

인쇄일 2013년 8월 30일
발행일 2013년 9월 14일

지은이 강 구 중 / 그림 김 미 화
발행인 이 길 안
발행처 세종출판사

부산광역시 중구 보수동2가 72-26번지
전화 463-5898, 253-2213~5
팩스 248-4880
E-mail sjpl@chollian.net

등록 제02-01-96

ISBN 978-89-6125-733-6 03810

값 9,500원

이 책은 2013년 부산문화재단 지역문화예술지원
사업의 일부지원으로 출간됨

제7집 동심시집

고향은 지도 위의 한 점

강구중 동심시집 | 김미화 그림

세종출판사

책머리에

푸른 동산에 나무를 심듯

어린이를 위한 동심을 빚어 온지

34년이 되었습니다.

문단 등단은 1979년이지만

등단 전 교직에 몸담아 학생들에게

글짓기 지도를 했습니다.

작고하신 조유로님께서 주최한 부산어린이 문화예술제에 참가하여

수상한 색동문화지도상이 계기가 되어

동심을 어린이들의 가슴에 더욱더 심어 보고 싶었습니다.

그래서 저 나름으로

그동안 6권의 동심시집을 발간했습니다.

5인 동인 활동으로 시화전과 '오월에 피는 꽃' 7권을 공저 했을 뿐…

2년마다 작품집을 내려고 했습니다만 창작활동이 미진했습니다.

한동안 마음고생으로 작품 활동을 하지 못하다가

때늦게 그동안 창작한 작품을 엮어

제7집 '고향은 지도 위의 한 점'으로

어린이들의 가슴에 시원한 동심의 샘물을 가득하게 채워서

더 좋은 동심시를 선물할 것을 다짐해 봅니다.

2013년 8월 2일

정산정(靜山亭)에서 강구중

차례

제2부 엄마의 뜨개질

차례

제3부 내 마음은 깃발

제4부 청 보리밭 새로

제1부

고향은 지도 위의 한 점

아빠의 달력 | 과메기 | 하늘까지 | 물 달팽이
고향은 지도 위의 한 점 | 어쩌면 좋아요 | 비닐하우스 | 놀이터
| 파도 | 달맞이 고개 | 검은 비닐봉지 | 떡볶이 한 접시
우산 고치는 할아버지 | 달력위의 숫자들

아빠의 달력

곳곳에
일정이 적혀 있는
아빠의 달력

그날은
술을 잡수시고
오신다

노래를
불러라하며
용돈을 주시고

우리를 껴안고 우신다
“돈 많이 벌어 올게
공부 열심히 해”

나는
가슴이
찡–

용돈은 좋은데
술은 싫어요
아빠의 달력 안 볼래.

과메기

가족 나들이
식당에서
과메기를 먹었다

꽁치 같은 게
입속에서
말랑말랑...

한입에
파도 소리 먹고
동해 바람도 먹고...

갯가 아이들의
웃음소리
노래가

뱅뱅
메아리
된다.

하늘까지

바닷길 열리는 날
걸어서
건너가면

도망가는 꼬마 게
잡힌 고동
내손에서 울고

돌밭 새로 담긴
바닷물엔
하늘이 떠 있다

하늘까지 가는
길은 없을까?
무지개 안고 싶은데

무지개
안고
싶은데.

물 달팽이

어항 속
물 달팽이들의 소원
들린다

'배가 너무 고파
더듬이로
먹이 찾으면

'나도 괴로워'
물풀의 하소연
'물이 너무 흐려서…'

알알이 뜨는 먹이
주인이 잊으면
어쩌면 좋아?

집 비운 사이
친구 한 명이
죽었는데… .

고향은 지도 위의 한 점

멀고도
먼
그리운 고향

지도를 보면
금방
찾아 간다

그 점 하나에
숲이 있고
강이 있고

지도 위에도 피었다
한 그루 감나무
노란 꽃

가깝고도
먼
고향

지도 위의 한 점
보면 금방
보인다

그 점 위에
초가집이 있고
개나리 울타리도 있고

한 송이
해바라기 꽃도
피어 있다.

어쩌면 좋아요

우리 아빠
반달 배

잦은 술자리 때문에
늦게 오셔

토, 일요일엔
텔레비전만 보시다가
주무신다

푸른 하늘
맑은 바람이
손짓을 해도

가족 산책에는
결석이다

아빠 배
어쩌면 좋아요?

비닐하우스

열대의 나라
그곳에
가면

빨갛게
파랗게…
주렁주렁 달린 과일

따 먹으면
녹는
아련한 신토불이 맛

철 이른 세상
봄을
몰고 오는 곳

비지땀 흘리며
과일 먹는
해외여행지이지.

놀이터

동네 해님들이
어울려
논다

그네를 타고
오리도 타고
시이소 타고…

다칠 가 봐
옆 눈질 바쁜
엄마, 할머니

흩어지는 웃음소리
하늘가를
맴돌고

간식 먹고 놀다가
가슴에 안긴
해님들.

파도

밀려오고
쓸어가는
바다의 장난꾸러기

옷 적실라
뒷걸음치는
모습이 재미있나 봐

또 밀려오고
쓸어가는
심술쟁이…

구경하는
갈매기도 무서운가 봐
훨, 훨-

햇살은
즐거워
카드 섹션을 한다.

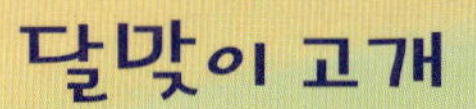

달맞이 고개

해운대 고갯길에
만들어진
아담한 공원

바다에다
쏟아 놓는 달빛
그림 한 장을

홀로서서 바라보면
달맞이 고개는
선생님이 된다

그림도 가르쳐 주고
동시도 읊고
동화도 읽고…

검은 비닐봉지

나만 아는
까만
비밀 가방

과자,
사과,
빵도 넣고…

아빠가 좋아하는
맥주 한 캔
숨어서 들어간다

볼록하게 담겨
남은
모른다

들고 다녀도
부끄럽지도 않다
왜일까?

떡볶이 한 접시

엄마가 만든 떡볶이로
오랜만에 열린
가족회의

한 접시씩
호호호…
매워도 맛있다

주르르 흐르는 간물
입술 굴리며
빨아먹으면

솔솔 넘어가는
엄마 마음
뜨거운 사랑

즐거움 넘치고
웃음 찬
떡볶이 한 접시.

우산 고치는 할아버지

'우산, 양산 고칩니다'
때 묻은
촌사람 글씨

돈 벌어 손자
과자사고
할머니 반찬값 주고…

'요새는
살 한 대 부셔져도
버린단 말이야'

'누군가 고치러 오겠지…'

시간을 붙들고 있는
할아버지
모습

한 폭의
정겨운
풍속도.

달력위의 숫자들

달초부터 숫자들은 치장을 한다.
빨간색
노란색...

무지개 색으로 화장을 하고
즐겁게
나들이 간다

공원에도 가고
친구를 만나
웃음을 선물한다

쉬는 날은 컴 앞에서
카페를 방문해도
다리가 아프지 않다

달력위의 숫자들
종일토록 꽃 풍선을 타고
하늘을 난다.

1, 2, 3, 4, 5, 6, 7, 8....
날이 새면 새가 되어
기억을 물고 간다.

제2부

엄마의 뜨개질

김밥 한 줄 | 김치 부침개 | 엄마의 뜨개질 | 노점상 할머니
엄마, 언제 와 | 무릎 베게 | 약 봉투 | 병원 가는 날
결혼사진 | 그물 엮기 | 사과 따기 체험 | 대천 천
낙동강 강바람 | 소나기 | 기찻길 옆 산책길

김밥 한 줄

식탁 위에 놓인
김밥
한 줄

점심때는
밥만 먹었는데
오늘은 웬 일 일까?

입맛 없다고
엄마가
만들어 놓으셨나보다

돌돌뭉친
사랑
김밥 한 줄을.

김치 부침개

늦은 밤 배고플 때
엄마가 부쳐주신
사랑 한 접시

매콤한 맛
짭조롬한 맛
한입씩…

가족회의
웃음꽃 핀다
"하, 하, 하…"

어머니 마음
자꾸
먹고 싶다

솔솔
입안에서
녹을 때까지.

엄마의 뜨개질

엄마는 틈만 나면
뜨개질을
하신다

“엄마, 누구 것 짜요?”
“아빠 것”
“나는?”

“글쎄 모르겠는 걸”
‘내가 미운가?’
엄마 눈치를 본다

‘내 옷도 짜 주시겠지’
엄마가
뜨개질한 옷 입으면

뜸 뜸이 묻은 사랑
가슴은
온실이 될 거 야.

노점상 할머니

길가에
해를
깔고 앉아

쑥, 머위, 돈나물…
다듬어 놓고선
사람들을 부른다

"사가이소-"
메아리도 기운 없어
돌아오지 않는다.

저녁밥은
할아버지가
알아서 먹겠지…

근심 반, 안심 반,
운수 좋은 날엔
약값은 벌겠제.

엄마, 언제와

엄마가 늦게 올 때
배고파
껌 한 톨 씹으면

달콤한 맛과 향기에
짝 짝 짝…
배고픔은 날아간다

씹으면 씹을수록
사라지는 단물
“엄마, 언제 와…?”

전화 걸면서
짝 짝 짝…
배고픔을 달랜다.

병원 가는 날

병실마다
환자 얼굴들
잿빛이다

간호사님 눈웃음에
가슴은
진달래꽃이 피었는데

푸른 세상에
노래가 넘쳐도
병원 가는 날은

건강
조심조심하라는
귀띔이다

개울
건너가는
돌다리처럼…

무릎 베개

그윽하고
아늑한
동화의 나라

그네를 타고
시소오도 타고
노래를 부른다

동생과
자리다툼을
하지만

한 쪽
귀퉁이에
누워도

뜨거운 가슴으로
베어오는
어머니 사랑.

약 봉투

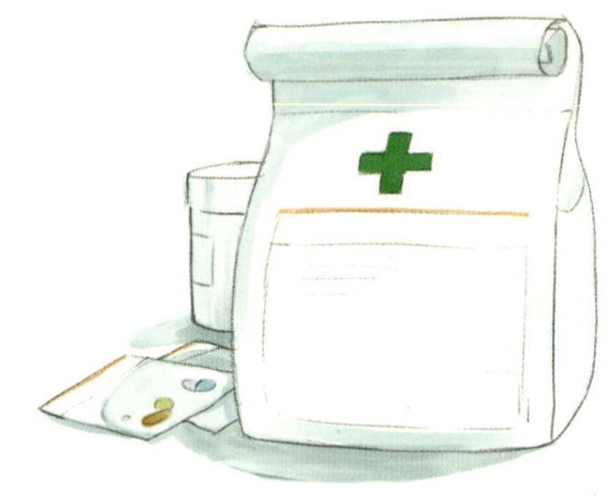

우리 집엔
봉투가 많다
방 곳곳에…

할아버진 고혈압…
할머니는 관절염…

아빠도
지방간
걱정이 된다

나도 늙으면
약을
먹을까?

오래 살수록
많아지는
약 봉투

시간은 약이라 했는데…

결혼사진

아빠는 왕
엄마는 왕비
아름다운 모습

이젠 새치머리
주름살
우리 때문에 고생하셨다

자라서 결혼하면
결혼사진 속의 나는
봄날이지만

그래도
시간아,
바람아, 잠자라

아빠
엄마
늙지 않게.

그물 엮기

햇살이 춤추는
갯가에
그물 엮는 할아버지

'요놈의 구멍 때문에
고기를 놓쳤어
그물도 늙으면 흠이 생기나 봐'

흐르는 땀방울에
놓친 날을
안타깝게 생각하면서

한 땀씩, 한 땀씩…
삶을
엮는다

그물에 가득 찰 물고기를
기대하며
손주 올 날을 기다린다.

사과 따기 체험

하늘에
주렁주렁 달린
예술품들

“1인당 5개만 따야한다”
주인의
말씀에

가슴이 옴짝한다
몰래 한 개
먹고 싶었는데...

봉지에 담은
내 마음
사과 밭이 되었다.

대천 천

금정산 계곡에서
졸,
졸, 졸…

물이 썰매 타는
대천 천변을
거닐면

물고기들
반갑다고
따라오고

버들개지도
친구하자고
손 흔든다

징검다리 새로
여울지는 물소리
고향의 소리

할머니가 그리워서
할아버지가 보고파
졸, 졸, 졸… .

낙동강 강바람

낙동강 가를 거닐면
갈밭 새로
찾아오는 친구

'여기서 놀다 가'
솔솔
나를 붙들고 얘기한다

할머니 이야기
할아버지 말씀
아줌마 목소리…

뒤돌아 가도 또 찾아와
귓속말로
'여기가 내 집이니 또 놀러와 '

낙동강 강바람은
누구나
다 좋아하는가봐

좋은 사람
나쁜 사람
모두 구별 없이...

소나기

먹구름 속에
쏟아지는
폭포수

풀잎들도
얼굴 따가워
손사래치고

소풍 나온
아기개미들
길 잃었다

가슴에 쏟아지는
소나기
어쩌면 좋을까?

학교가면 받는
스트레스
공부...

나침반 품고
꾹 꾹
마음 붙들어야지.

기찻길 옆 산책길

숲길 따라 흩어지는
시골내음
맡으며

구름 새로 내미는
햇살
손잡고 거닐면

기차소리에
작은 가슴
울렁울렁

홀로 걷는
3.5 키로 미터
산책길은

고향계신 엄마
그리는
마음의 길.

*소재 : 부산 북구 화명동 경부선 옆

제3부

내 마음은 깃발

내 마음은 깃발 | 편지 보내기 | 고로쇠 물 | 어릴 때의 사진

지구본 | 독서하기 | 시작 | 연필 한 자루 | 컴퓨터 | 뭉게구름

나도 닮았어요 | 흔적 지우기 | 야구장 | 죽도 | 솔 씨의 소원

내 마음은 깃발

유람선을 타면
내 마음은
깃발

춤추는 갈매기
따라와
친구하잔다

먼 섬들은
같이 살자고
손짓하는데

배는 자꾸만
나를 밀어 낸다
'도시 사람은 도시에 살아야지…'

그래도 유람선을 타면
나는 깃발
날마다 타고 싶은 걸.

편지 보내기

손전화기로
친구에게
문자메시지를 보내면

금방
답장이 온다
우표도 필요 없이

별 헤며 쓰던
편지는
이젠 휴지 조각

마음에 새기기만 하면
편지가 가는 세상
내일이면 오겠지

편지 보내기는 쉽지만
옛날이
정말 그립다

고로쇠 물

산촌 마을에서
시원한
물을 마셨다

달콤한 물
배가
수박이 되었다

나무에 구멍을 뚫어
물을 모은다는
주인아저씨 말씀에

'고로쇠나무야!
'얼마나
아프겠니?'

'많이 먹는 것 참아야지-'

내년엔
안 올게.

어릴 때의 사진

가족 앨범을 보다가
어릴 적
내 사진을 보았다

아기 때의
얼굴
우유처럼 맑다

지금은
거짓말 하고
욕도 하고…

푸른 하늘같은
어릴 때의
사진처럼

꼭, 꼭
닮고
싶다.

지구본

동그란 세상
돌리면서
여행을 한다

크고 작은 도시
문화유산
생각하면

나는
나는
만물박사가 된다

키야, 어서 커라
세계여행
가고 싶다

자꾸만 돌려보는
지구본
나래 펴는 내 마음.

시작

어떻게 할까?
고민되는 마음
하늘같다

공부도 안 되고
놀지도 못하고
하면 될 텐데…

시작이 반이라고
아버지는
말씀하셨지만

세상에서
제일 어려운 게
'시작'이다

– 정말 어려운 게 '시작'이다.

독서하기

여름 방학 내내
도서관에서
책을 읽었다

동화책, 동시집…
읽을수록
재미있다

날마다
왕자가 되었다가
임금님도 되었다가

방학 끝나면
독서 왕
되겠지

내 머리
속엔
책뿐인데… .

연필 한 자루

공책마다
꿈을 쓰는
연필 한 자루

'소설가가 되어야지
선생님이 어떨까?
의사도 좋아…'

학교에서 배운 것
공부 한 것을
쓰면서

가만 가만
내 친구 자라는 모습
봐야지.

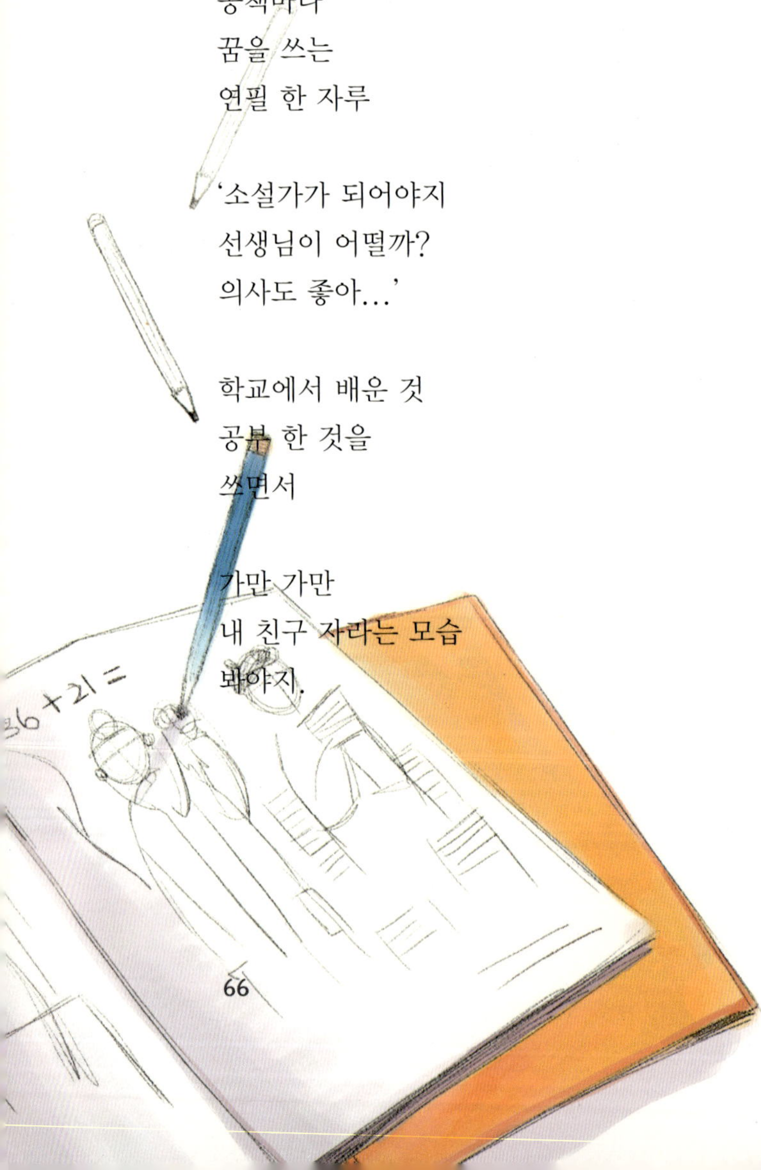

컴퓨터

숙제,
공부,
잠을 잊고…

아빠에게 들켜
꾸지람
들어도

언제나
즐겁기만 한
놀이

머리에 가득 찬
너 때문에
시간을 잃었다

'컴퓨터 할까, 말까?
가슴에 가득한
고민.

뭉게구름

하늘 가운데
피어나는
하얀 꿈

한 줌 따러
내 마음은
나들이 간다

희망이 있고
내일이 있고
티 없는 세상을

안고 싶어
그네를 탈까?
풍선을 탈까?

나도 닮았어요

케이블카를 타고
줄줄
하늘을 오르면

가슴은
소나무가 되고
바위가 된다

바람이 속삭인다
'너 장하구나'
'그럼요'

낙하산 타는
군인도 있는데
나도 닮았어요

공중에 떠서
구름을 잡고
해도 먹고 싶은 걸요.

솔 씨의 소원

엄마 품 떠나
형제 떠나
날아 간

작은
솔 씨
뜨거운 가슴 하나

내 고향은
어디가
좋을까?

난개발로
헐벗은 산에
힐링 숲 이루어

아이들 도화지에
소나무동산
그리게 해야지.

흔적 지우기

친구와의 다툼에서
가슴 벤 울음흔적
어떻게 할까?

흐린 유리를
닦듯이
깨끗이 지운다면

내가 스스로
가슴을
열어야겠지

내일을 위해
울음 대신
웃음으로… .

야구장

"야!, 야!,...
갈매기 떴다"

관중들 함성 소리
하늘 찌르고
깃발 나부낀다

승리를 위해
선수들은
공 따라 뒹굴고...

땀방울 베고
유니폼
흙 범벅이 되어도

짝, 짝, 짝...

야구장에선
우리는 하나.

죽도

해운대 송정
죽도 위엔
희망이 넘친다

먼 수평선 바라보면
가슴은
풍선

푸른 바다 날아
건너편
지구에다

잘사는 나라 만들어
한 아름 꿈
키우고 싶어

깨끗한 세상 만들어
새싹
틔우고 싶어.

제4부

청 보리밭 새로

청 보리밭 새로 | 접시꽃 | 어판 장 | 윷놀이 | 닭장 위의 닭들

| 갈대밭의 이야기 | 닭 강정 | 도토리 | 우리 선생님 | 로봇청소기

수박 파티 | 내 고향은 | 횃불처럼 | 보리밭 밟기 | 뻥튀기 아저씨

청 보리 밭 새로

들녘 비비고 오는
바람의
이야기

"봄이 왔다
다 같이 놀자
우리 손잡고…"

"옛날에 놀던 친구
어디 갔나?
보고 싶다"

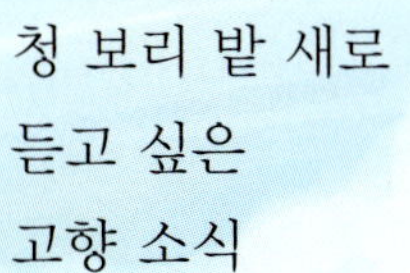

청 보리 밭 새로
듣고 싶은
고향 소식

종다리
도, 레, 미, 파 …
합창을 한다.

접시꽃

먼 인도에서 건너와
고향 꽃이 된
접시꽃

꽃잎 속에
그려보는
친구 얼굴들

하,하,하…
들려오는
해맑은 웃음

씨 받아 뿌려
고향 생각
흩어놓고

손짓해야지.
빨리 와,
빨리 와.

어판 장

새하얀 하늘 때
잡아 올린
꿈들이 퍼득인다

통 통 통…
잽싸게 실려 온
복덩이들

어판 장에선
경매 꾼 손에
모두 안녕

"겨우 기름 값 벌었네"
내일은
괜찮겠지…"

아쉬움에 작아진
가슴에도
생각나는 가족들.

윷놀이

설날 가족끼리
흥겨운
단합대회

“아이,
‘도’가 나왔네
‘도’ 잡고… ”

웃음소리, 아쉬운 소리 …
어깨가 춤춘다
한숨을 쉰다

공부한다고 바빴는데
가슴 열어 준
윷놀이.

닭장 위의 닭들

비닐 줄로 묶인
닭장 위의
닭들

꼬끼오, 꼬끼오…
멋모르고
합창을 한다

고향 하늘 아래
닭 울음소리에
해도 웃는데

“토종닭입니다”
아줌마
굵은 목소리에도

꼬끼오,
꼬끼오…
합창을 한다.

친구가 사라졌는데도…

갈대밭의 이야기

귓가에 조용히 들리는
이야기 소리
뭘까?

아기 새들의
엄마 부르는 소리
정겨운데

참게들 소꿉장난에
강 물결은
노래를 하고

바람 따라 갈대밭은
그리워한다
고향소식을

뿔뿔이 흩어진
농촌
가족인데.

닭 강정

학원가는 길에
닭 강정을
샀다

1인분 한 컵 2천 원
조금 맵지만
맛있다

엄마는 걱정 하실 거야
'우리 아기
지금쯤 시장할 텐데…'

엄마가 주신 용돈
학용품
사야하는데도

씹히는 닭 강정
한 끼 밥이
되었다.

도토리

등산길 도토리가
한숨을
쉰다

사람들은 배낭에
가득
담아가

간식거리로
묵을
만든다는데

'아이 이걸 어쩌나…'

다람쥐친구야…
날 가지고 가
술래잡기 할라.

우리 선생님

얼굴은 보름달
몸매는
팔등신

마음씨는
엄마
닮았어요

짝지도
여자 아이
앉혀주고…

내가 그린 그림보고
칭찬도
많이하셔요

더 크면
우리 선생님 같은 여자와
결혼하고 싶어요.

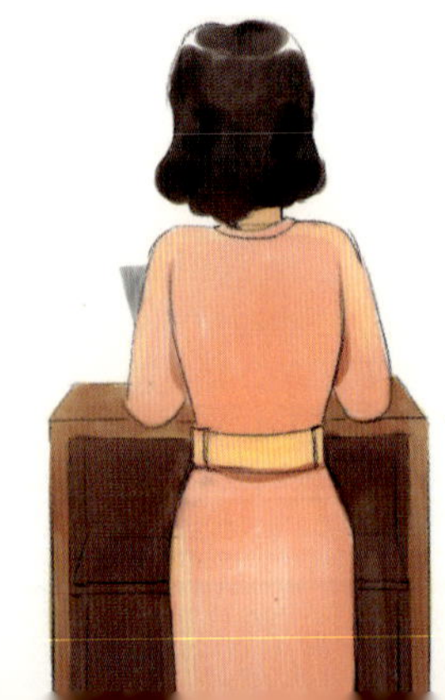

로봇청소기

스위치를 눌리면
위잉-
다니면서

먼지,
작은 쓰레기를
먹는다

벽에 머리가 받혀도
아프단 말없이
또 어디로 갈까?

내방까지 찾아온
로봇청소기
고마워.

수박 파티

여름날
수박 한 조각
쏘옥 입에 넣으면

미끄럼질하는
꿀물
가슴은 원두막이 된다

"많이 먹고 밤에 오줌 쌀라"
엄마 목소리에
겁이 나도

또 씹어 먹으면
배는
수박 한 덩이

껍질만 남은 수박 파티에
웃음꽃 피는
가족 얼굴.

내 고향은

내가 난 곳은
바닷가가 아니고
산촌도 아니다

병원에서 태어났고
아파트에서
살았다

아빠는 전원주택
엄마는 아파트
서로 원하는데

나는
어디가
좋을까?

동전을
던져볼까?
그래야겠다.

횃불처럼

내 마음은
찬란한
호수

왜가리 날아와
그리운
고향 만들고

푸른 잎 그려
연꽃
피우고 싶다

날마다
횃불처럼 타는
내 마음

동그란
해가
될래요.

보리밭 밟기

추운 겨울 녹이며
돋아 오른
보리 싹을

줄줄이 밟기를 한다
'참 아플 거야'
걱정이 되어도

'힘차게 밟아야
잘살고
수확이 많아진단다'

밟아서 괴롭혀도
거저 고마워
바람에 웃음 날린다

손이 꽁꽁
발이 꽁꽁
해님이 군불 지핀다.

뻥튀기 아저씨

휘익-
호루라기 소리
뻐엉-

옥수수 뻥튀기
우르르
쏟아진다

"엄마야" 가슴 조이면

웃음 가득한 아저씨
휘익, 뻐엉-
재미 있나봐

즐거운 장날
뻥튀기 주워 먹는 것도
재미있어요.